AF357923

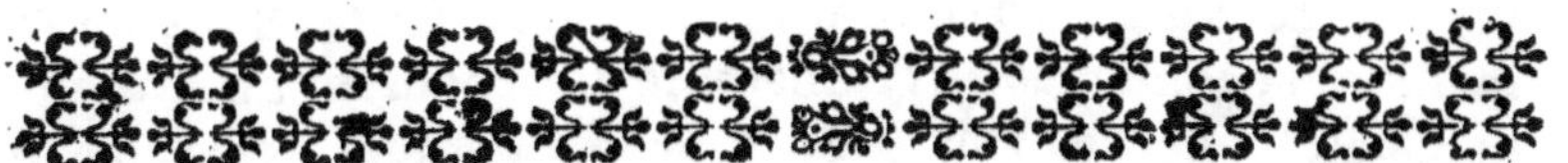

STATUTS ET ORDONNANCES.

CE font les points & articles que requerent les Maîtres Jurez & Ouvriers du métier de Tifferan en Toille
& .Cannevas de la Ville, Cité & Banlieuë de Paris,
être dorénavant gardés & obfervés en ladite Ville pour évi-
ter aux fraudes , abus & malices qui fe peuvent commettre
au fait dudit métier au préjudice du Public.

PREMIEREMENT.

QUE nul ne pourra faire fait de Maître dudit métier , tenir boutique & ouvrer en la Ville, Cité & Banlieuë de Paris ,.
faire chaîne de fil de Lin , fil de Chanvre ny autre fil quelque ce foit , ny pareiflement Toile de Lin , de Chanvre , ny
quelqu'autre Toille que ce foit , s'il n'a été reçu & paffé Maître au Châtelet de Paris , au raport des Jurez dudit métier
& à cet fin fait chef-d'œuvre dudit métier , tel que lui fera
baillé & divifé par les Jurez dudit métier , & qu'il n'ait payé
pour les droits du Roy huit fols parifis & les droits des Jurez.

I I.

ITEM , qu'un chacun qui dorénavant fera reçu & paffé
Maître dudit métier & témoigné fuffifant , fera tenu bailler
bon pleige & caution jufqu'à la fomme de trente liv. parifis ,
comme l'on a accoutumé faire en iceluy métier pour avoir re-
cours à l'encontre d'iceux pleiges des fautes & méprentures
qui pourroient faire & commettre audit métier.

I I I.

ITEM , auparavant que bailler par les Jurez chef-d'œuvre
aux Compagnons qui voudront parvenir à ladite Maîtrife, iceux
Jurez feront tenus de s'enquerir de leurs bonnes vie & mœurs
des Maîftres lefquéls ils auront fervi , & où ils auront fait leur
apprentiffage , pour felon le raport qu'ils en trouveront leur
bailler ledit Chef-d'œuvre ou leur refufer. Lequel Chef-
d'œuvre après ladite inquifition faite , feront tenus lefdits
Compagnons qui afpireront à ladite Maiftrife & faire en la
maifon de l'un defdits Jurez tel qu'il leur fera divifé , & ice-

luy fait & parfait en feront lefdits Jurez leur raport en la maniere accoutumée en la Chambre du Procureur du Roy audit Châtelet dedans vingt-quatre heures , lequel fera faire le ferment pour ce dû & accoûtumé à ceux qui auront été trouvés & raportés fuffifans.

I V.

ITEM , fi les enfans des Maîtres dudit métier requerent être reçûs Maîtres, feront reçus en faifant épreuves telle qu'elle leur fera baillée par les Jurez pour montrer de leur fuffifance & fans aucune finance payer au Roy pour leur Maîtrife , mais payeront aufdits Jurez à chacun vingt fols parifis pour leurs peines , falaires & vacations d'avoir affiftés à voir faire ladite épreuve, & un écu pour les frais du métier.

V.

ITEM , les Veuves defdits Maîtres tant qu'elles fe contiendront en leur viduité , joüiront de pareils privileges que leurs Maris vivans, mais fi elles fe remarient à autres qui ne foient pas dudit métier , elles ne pourront plus joüir du privilege dudit métier, & davantage ne pourront étant en viduité faire aucuns apprentifs , mais bien pourront achever lefdits apprentifs leur apprentiffage à la maifon defdites Veuves qu'ils auront encommencés du vivant de leur mary.

V I.

ITEM, que fi aucun Compagnon dudit métier, foit de cette Ville ou étrangers , époufe une femme veuve dudit métier de Tifferan en Toille de cetteditte Ville , Cité & Banlieue de Paris , ou bien une fille de Maître , fera reçu & paffé Maître en faifant chef-d'œuvre , & baillant par luy quatre liv. parifis pour foutenir les frais dudit métier , & pour les droits du Roy huit fols parifis & les droits des Jurez.

V I I.

ITEM , aucun Compagnon befognant chez un Maître en cette Ville , Fauxbourgs & Banlieue de Paris, aura pris une piece de befogne de la main du Maître ou de la Maîtreffe pour la porter en la boutique , fera tenu & fujet de la faire & parfaire bien & duëment fans difcontinuer jufqu'à ce que ladite befogne foit faite & parfaite , & où il difcontinuera aucune journée, fera tenu & fujet payer au Maître pour chacune journée au prorata du quart denier qu'il pourra gagner fur ladite piece de befogne fur peine de dix liv. parifis d'amende la moitié applicable au Roi, & l'autre moitié pour soûtenir les frais du métier.

V I I I.

I T E M, Que tous Maîtres Tisserans en toille de cettedite Ville & Banlieue de Paris pourront enjoliver & enrichir sur chacune chaisne qu'ils feront ce qu'il plaira aux Bourgeois & Marchands leur commander.

I X.

I T E M, que nuls ouvriers ou ouvrieres ne pourront faire ni faire faire Coutils, Droguets, Tissus de laine, Gannevas de fil de lin ou de fil de Chanvre tant large qu'étroit, s'ils ne sont reçûs & passés Maîtres en cettedite Ville, Cité & Banlieuë de Paris.

X.

I T E M, que nuls ouvriers ou ouvrieres de cettedite Ville, Cité & Banlieuë de Paris, ne pourront faire, ni faire faire aucune toille de gaze, de fil d'épinet, fil de lin, ni Toille à jour s'il n'est Maître reçû par lesdits Jurez Tisserans en Toille, & tel rapporté audit Châtelet, ou qu'il n'ait payé pour les droits du Roy huit sols parisis, & les droits des Jurez.

X I.

I T E M, que tout l'ouvrage dudit métier soit de la moisson qui est signé à une verge de fer que les Jurez dudit metier ont accoutumé garder & garderont dorénavant, & dont l'étallion a été mis en la chambre du Procureur du Roy au Châtelet de Paris, & sera mesuré l'œuvre sur le métier pour garder qu'elle soit de ladite moisson entre le temple & le ros, & contenir la verge cinq quartiers de large, en laquelle verge sont signés les points du large dudit metier ; mais si aucuns Bourgeois, Bourgeoises & autres gens que les Marchands & ouvriers dudit métier veulent faire faire Toilles pour leur user Nappes, Thouailles ou autres ouvrages dudit métier de moindre moisson que ladite verge ; faire le pourront en affirmant que ce soit pour leur user loyaument & sans fraude, & sera le Maîstre qui fera l'ouvrage tenu le dénoncer aux Jurez sur peine de deux cens écus d'amende.

X I I.

I T E M, les ouvriers dudit métier seront tenus rendre leur ouvrage par poids quand l'ouvrage est écrû seulement pour

4

le déchet qui y eſt en ouvrant & autrement ; & s'il y a faute
ils l'amendront de ladite amende ſeize ſols pariſis & outre
s'ils en font coutume, & ſera la Toille peſée au même poids
où aura été peſé le fil.

X I I I.

I T E M., s'il y a ouvrage où il y ait mal façon dont aucuns
ſoient plaintifs, les ouvrages ſeront vûs par les Jurez dudit
métier, appellés avec eux des ouvriers ſuffiſans d'icelui métier,
& s'il y a faute les Jurez dudit métier aviſeront, quelle faute
& quel dommage il y aura, ; celui qui aura fait ces ouvrages
ſera tenu rendre le dommage à partie, & avec ce payer les
Jurez de leur viſitation pour chacune piece qu'ils viſiteront ſelon la taxe qui en ſera faite par Juſtice.

X I V.

I T E M., ſi les Jurez dudit métier trouvent aucun d'icelui
métier qui ayent aulnes ou poids qui ne ſoient bons, loyaux
& ſuffiſans ſelon ce qu'ils doivent être, leſdits Jurez ſeront
tenus les prendre & apporter à Juſtice & en ſeront punis ceux
qui en ſeront trouvés garnis.

X V.

I T E M, nul Maître dudit métier ne pourra travailler ni
ouvrer aux jours de Dimanche & autres Fêtes commandées de
l'Egliſe, ſur peine d'être banni & interdit du metier & d'amende arbitraire.

X V I.

I T E M., un Maiſtre ou Maiſtreſſe ne pourra tenir que ſix
métiers ſur peine de dix liv. pariſis d'amende, la moitié applicable au Roi & l'autre moitié aux Jurez, & ne pourra tenir deux ouvroirs & boutiques ſi elles ne ſont contiguës & at-
tenant l'une l'autre, & que l'on puiſſe entrer de l'une en l'autre.

X V I I.

I T E M, que nul ne ſera tenu à faire chef-d'œuvre pour parvenir à la maiſtriſe qu'il n'ait été apprentif le temps & eſpace
de quatre ans ſous un Maiſtre de la Ville & Banlieuë de Paris
reçû audit Châtelet.

X V I I I.

I T E M, ſeront tenus les Maiſtres huit jours après qu'ils auront fait obliger leurſdits apprentifs montrer les brevets d'apprentiſſage auſdits Jurez, & les faire enregiſtrer en la cham-,

bre du Procureur du Roi au Châtelet de Paris , & qui fera
le contraire il payera l'amende deſſus-dite applicable comme
deſſus.

X I X.

I T E M , ne pourra aucun Apprentif racheter le temps de
ſon apprentiſſage , & là où il auroit racheté , il ne pourra tenir
ledit métier ni ouvrer & beſogner d'icelui , s'il n'a parfait
premierement ledit temps de ſon apprentiſſage qui aura par
lui ainſi été racheté de ſon Maiſtre.

X X.

I T E M , pourront leſdits Maiſtres apprendre leur metier à
leurſdits enfans , ſans qu'ils leur tiennent lieu d'Apprentif outre & pardeſſus leſquels les Maîtres pourront avoir deux ou
trois apprentifs en la forme & maniere qui ſera dite ci-après ;
toutefois ſi les enfans des Maiſtres apprenoient leurdit métier
ailleurs qu'en la maiſon de leur pere , ils tiendront lieu d'Apprentif, & en tout cas, ſoit en la maiſon de leur pere ou ailleurs,
feront leur rpprentiſſage de quatre ans auparavant que d'étre
reçûs Maiſtres audit métier.

X X I.

I T E M , ſi aucun apprentif s'enfuit , & délaiſſe ſon Maître
par le temps & eſpace d'un mois, ledit Maiſtre en pourra prendre un autre , ne pourra icelui apprentif ouvrer ni ſe mêler dudit métier s'il ne fait apparoir d'excuſe legitime de ſon
abſence.

X X I I.

I T E M , un Maiſtre ne pourra avoir que deux Apprentifs
ſi ledit Maiſtre n'a atteint l'âge de cinquante ans ; & ſi leſdits
Maiſtres paſſent cinquante ans , pourront avoir trois apprentifs & non plus ſur peine de dix liv. pariſis d'amende applicable moitié au Roi & l'autre moitié aux frais dudit metier.

X X I I I.

I T E M , les compagnons qui tiennent à preſent Boutique
ès Fauxbourgs & Banlieuë de cette Ville de Paris , ſeront reçûs Maiſtres audit Metier en faiſant chef d'œuvre & payans
les droits des Jurez.

X X I V.

I T E M , & pour faire garder, obſerver & entretenir ces
preſentes Ordonnances il y aura quatre Jurez qui ſeront élus

pardevant ledit Procureur du Roi pour la Communauté dudit métier qui feront chargez par chacun an comme les autres Jurez des autres métiers de cette Ville de Paris, par lefquels feront faites toutes vifitations neceffaires à faire audit métier tant en ladite Ville que Fauxbourgs & Banlieuë de Paris, fans que pour vifite efdits Fauxbourgs & Banlieuë ils foient tenus de demander licence aux Hauts-Jufticiers defdits Fauxbourgs & Banlieuë quelque privilege & droit de Haute-Juftice qu'ils ayent efdits Fauxbourgs & Banlieuë, attendu qu'il eft queftion de Police de laquelle la connoiffance appartient feulement au Prevôt de Paris & non à autre.

XXV.

ITEM, que toutes marchandifes de toille & fil, qui feront amenées en la Ville de Paris pour être vendues, feront vûës & vifitées par lefdits Jurez Tifferans & des fautes, abus & tromperies, qu'ils trouveront defdites Marchandifes en feront rapport à Juftice dans vingt-quatre heures après pour en être ordonné.

XXVI.

ITEM, que nul ne pourra revifiter toilles ni fil, nappes ou ferviettes, foit de lin ou de chanvre, ni cannevas s'il n'eft Maiftre dudit métier fur peine de quatre écus d'amende.

XXVII.

ITEM, pourront lefdits Jurez fe tranfporter ès maifons & pardevers ceux qu'ils fçauront & connoîtront de préfent fe mêler defdits ouvrages & marchandifes dudit métier, & les contraindre d'aller fervir les Maiftres dudit métier, ou bien renoncer du tout en icelui métier, fi mieux ils n'aiment fe faire recevoir Maiftres dudit métier en faifant chef d'œuvre.

XXVIII.

ITEM, font faites deffenfes aux Maiftres dudit métier de fouftraire les ferviteurs les uns des autres, prendre ni recevoir aucuns ferviteurs qui ait commencé un ouvrage qu'il ne l'ait parachevé, & que premierement il n'ait fçû des Maiftres ou Maiftreffes l'occafion pour laquelle ledit ferviteur fort de la maifon & fervice fur peine de dix écus d'amende applicable un tiers au Roi, un tiers au Maiftre que le ferviteur aura délaiffé, & l'autre tiers envers le métier pour convertir aux affaires d'icelui.

Vû par nous Lieutenant Civil & Procureur du Roy de la
Prevôſté & Vicomté de Paris, les articles en forme de Statuts
& Ordonnances ci-deſſus tranſcrits, preſentés au Roy par les
Maîſtres Tiſſerans en Toille de cette Ville de Paris, ſommes
d'avis ſous le bon plaiſir du Roy & érection de Noſſeigneurs
de ſon Conſeil que leſdits articles ſont bons, juſtes & raiſon-
nables, & comme tels doivent être confirmés & autoriſés par
Sa Majeſté.

*Regiſtré oui le Procureur General du Roy à Paris en Parlement le
vingt-deuxiéme jour de Janvier, l'an mil cinq cens quatre-vingt-ſix.
Signé, Du Tillet.*

NOUVEAUX ARTICLES.

*Accordez à ladite Communauté des Tiſſerans par Declaration
du Roy du 30 Juin 1705. regiſtrés en la Cour
le 12 Decembre ſuivant.*

ARTICLE PREMIER.

LES aſpirans à la Maîtriſe payeront à l'avenir outre & pardeſſus le droit royal pour leur reception, ſçavoir, ceux qui
ſeront ſans qualité, la ſomme de cinquante liv. au lieu de celle
de quarante livres qu'ils payoient cy-devant; les Apprentifs de
Villes, les Veuves & filles de Maîſtres vingt-cinq liv. au lieu
de vingt liv. & les Fils de Maîſtres, huit liv. au lieu de ſix liv.
le tout au profit de ladite Communauté juſqu'à ce qu'elle ſoit
entierement acquittée des emprunts par elle faits pour ladite
confirmation d'heredité & ledit Office de Tréſorier.

ARTICLE SECOND.

ET d'autant qu'il eſt du bien public que la Police de nôtre
bonne Ville de Paris & de ſes Fauxbourgs ſoit uniforme, per-
mettons aux Jurez de ladite Communauté de faire leur viſi-
tes dans les maiſons des Tiſſerans du Fauxbourgs ſaint Antoine de l'enclos du Temple, ſaint Denis de la Chartre, de
ſaint Jean de Latran, de l'Abbaye ſaint Germain des Prez,

de la rue de l'Ourcines ou autres lieux privilegiez ou prétendus tels de notreditte Ville & Fauxbourgs, comme auſſi dans les maiſons de ceux qui exercent ledit métier de Tiſſerans en Toille & Cannevas à titre de Privilege du Prevoſt de nôtre Hôtel ou autrement; Ne pourront néanmoins leſdits Jurez prétendre aucuns droits de viſite deſdits Tiſſerans à titre de privilege, ny de ceux qui exercent ledit métier dans ſes lieux privilegiés, à moins que leſdits Tiſſerans ne fuſſent auſſi Maiſtres de ladite Communauté.

ARTICLES TROIS.

VOULONS au ſurplus que leſdits Statuts, Articles & Ordonnances concernans ladite Communauté deſdits Maiſtres Tiſſerans en toille & Cannevas, enſemble les Declarations, Arreſts & Reglemens rendus en conſequence en faveur de ladite Communauté, ſoient exécutés ſelon leur forme & teneur en ce qu'ils ne ſont contraires à ces preſentes, & conformément à l'Arreſt de notre Cour de Parlement de Paris du 23 Août 1641. Défendons aux Tiſſerans qui ne ſont pas Maiſtres & qui demeurent dans le Fauxbourg ſaint Antoine d'avoir aucuns Compagnons ny Apprentifs avec eux & en cas de contraventions, Voulons que les Ouvrages qui ſe trouveront fabriqués dans leurs maiſons ſoient confiſqués. SI DONNONS EN MANDEMENT à nos amez & feaux Conſeillers les gens tenans notre Cour de Parlement à Paris, que ces preſentes ils ayent à faire regiſtrer, & du contenu en icelles faire jouir & uſer ladite Communauté des Maiſtres Tiſſerans de la Ville, Fauxbourgs & Banlieue de Paris pleinement & paiſiblement, ceſſant & faiſant ceſſer tous troubles & empêchemens contraires : CAR tel eſt notre plaiſir; en temoin de quoy Nous avons fait mettre notre ſcel à ceſdites Patentes. DONNE' à Verſailles le trentiéme jour de Juin, l'an de grace mil ſept cens cinq, & de notre Regne le ſoixante-trois, Signé LOUIS; Par le Roy, PHELIPEAUX. Veu au Conſeil, CHAMILLART.

Regiſtré, ouy le Procureur General du Roy, pour jouir par ladite Communauté de leur effet & contenu & être executés ſelon leur forme & teneur, aux Charges portées par l'Acte de ce jour. A Paris en Parlement le douze Décembre mil ſept cens cinq. Signé DU TILLET.

EXTRAIT DES REGISTRES
de Parlement.

VEU par la Cour ces Lettres Patentes du Roy, don-
nées à Verſailles le trente Juin mil ſept cens cinq,
Signées Louis, & plus bas par le Roy Phelipeaux,
& ſcellées du grand ſceau de cire jaune, obtenues
par les Jurez, Corps & Communauté des Maiſtres Tiſſerans
en Toile & Cannevas de la Ville & Fauxbourgs & Banlieue de
Paris, par leſquelles pour les cauſes y contenues, le Seigneur
Roy a maintenu & confirmé ladite Communauté dans l'héré-
dité de leurs Offices de Sindics-Jurez, & d'Auditeur de leurs
comptes, dont le Seigneur Roy leur a cy-devant accordé la
réunion, & a uni à ladite Communauté l'Office de Tréſorier-
Receveur & Payeur des deniers communs d'icelle, créé par
l'Edit du mois de Juillet mil ſept cens deux, à la charge de
payer la ſomme de quatre cens livres, les deux ſols pour livre
d'icelle ; Permet le Seigneur Roy aux Jurez-Sindics de ladite Communauté d'emprunter ou d'impoſer ſur tous les Maiſtres de ladite Communauté ladite ſomme de quatre cens livres,
& les deux ſols pour livre d'icelle ; enſemble celle de cens livres pour fournir à la dépenſe deſdits emprunts, & pour don-
ner moyen à ladite Communauté, non ſeulement de payer
actuellement les arrérages des ſommes qu'ils emprunteront à
conſtitution, mais encore d'acquitter de tems à autres quelque
choſe ſur le principal ; Veut le Seigneur Roy, que les Aſpirans
à la Maiſtriſe payeront à l'avenir outre & pardeſſus le droit
Royal, pour leur reception ; ſçavoir ceux qui ſeront ſans qualité, la ſomme de cinquante livres, au lieu de celle de quarante livres qu'ils payoient cy-devant ; les Apprentifs de Ville,
les Veuves & Filles de Maiſtres, vingt cinq livres, au lieu de
vingt livres, & les Fils de Maiſtres huit livres, au lieu de ſix livres,
le tout au profit de ladite Communauté, juſqu'à ce qu'elle ſoit
entierement acquittée des emprunts par elle faits, pour ladite

confirmation d'heredité, & ledit Office de Tréforier, & ainfi que plus au long le contiennent lefdites Lettres à la Cour adreffantes ; Veu auffi la déliberation de ladite Communauté du vingt-deux Juin audit an mil fept cens cinq ; Requefte prefentée afin d'enregiftrement defdites Lettres, Conclufions du Procureur General du Roy ; Ouy le raport de Me Gafpard l'Efcalopier Confeiller. Tout confideré, LA COUR a ordonné & ordonne que lefdites Lettres feront enregiftrées au Greffe d'icelle, pour jouir par ladite Communauté de leur effet & contenu, & être exécutées felon leur forme & teneur, à la charge par ladite Communauté de rendre compte tous les ans de l'employ defdits deniers, pardevant le Lieutenant General de Police, & le Subftitut du Procureur General du Roy au Chaftelet. Fait en Parlement le douze Decembre mil fept cens cinq ; Collationné, Signé ; DU TILLET.

BANLIEUE DE PARIS.

PREMIEREMENT.

Vaugirard.

Iffy.

Le Moulin des Chartreux & la premiere maifon de Clamard.

Vanves.

Mont-Rouge.

Chaftillon.

Bagneux jufques au Ruiffeau du Bourg-la-Reine

Gentilly, Arcüeil & Cachant, jufques à la rue de Loye, dont il y a quatre ou cinq maifons audit Village de Laï, qui en font.

Ville-Juifve & la Sauffaye jufqu'au chemin du Moulin-à-vent.

Ivry.

Le Pont de Charenton.

Saint Mandé.

Conflans.

Charonne.

Bagnolet.

Rommainville jufques au grand chemin de Noify-le-fec.

Pantin & le Pré faint Gervais.

Poitronville dit Belleville.
Les Hôtes saint Mery.
L'Hostel de Savy , dit l'Hostel saint Martin.
Lavillete, la Chapelle , Aubervilliers , jusques au Ruisseau
   de la Cour neuve saint Ouin.
Saint Denis jusques au gris.
La Maison de Seine.
Mont-Martre.
Clichy-la-Garenne.
Le Port de Neully.
Le Roulle.
Mesmes.
Boulogne jusques au Pont saint Cloud à la Croix dudit Pont.
Autheuil.
Passy.
Chaillot.
La Ville-l'Evêque.
Vitry jusques à la Fontaine.
La Pissote, jusques à la planche du Ruisseau.
Montreuil, jusques à la rue premiere venant de Paris du costé
   du Bois de Vincenne.

Par les soins de Jacques Duclos & Jacques Clerisseau.

*Et du tems de François Billet , & Jacques Lamorieux ,
Jurez en Charge en l'année* 1736.